This Prayer Journal belongs to...

Published by Meandering Publishing
Copyright 2019 Meandering Publishing

"To be a Christian without prayer is no more possible than to be alive without breathing."
--Martin Luther

"True prayer is neither a mere mental exercise nor a vocal performance. It is far deeper than that - it is spiritual transaction with the Creator of Heaven and Earth."
--Charles Spurgeon

"I have been driven many times upon my knees by the overwhelming conviction that I had nowhere else to go. My own wisdom and that of all about me seemed insufficient for that day."
--Abraham Lincoln

"God shapes the world by prayer. The more praying there is in the world the better the world will be, the mightier the forces against evil."
--Mother Teresa

DATE:

I AM PRAYING FOR:

I AM THANKFUL FOR:

I LAY AT YOUR FEET:

DATE:

I AM PRAYING FOR:

I AM THANKFUL FOR:

I LAY AT YOUR FEET:

DATE:

I AM PRAYING FOR:

I AM THANKFUL FOR:

I LAY AT YOUR FEET:

DATE:

I AM PRAYING FOR:

I AM THANKFUL FOR:

I LAY AT YOUR FEET:

DATE:

I AM PRAYING FOR:

I AM THANKFUL FOR:

I LAY AT YOUR FEET:

DATE:

I AM PRAYING FOR:

I AM THANKFUL FOR:

I LAY AT YOUR FEET:

DATE:

I AM PRAYING FOR:

I AM THANKFUL FOR:

I LAY AT YOUR FEET:

DATE:

I AM PRAYING FOR:

I AM THANKFUL FOR:

I LAY AT YOUR FEET:

DATE:

I AM PRAYING FOR:

I AM THANKFUL FOR:

I LAY AT YOUR FEET:

DATE:

I AM PRAYING FOR:

I AM THANKFUL FOR:

I LAY AT YOUR FEET:

DATE:

I AM PRAYING FOR:

I AM THANKFUL FOR:

I LAY AT YOUR FEET:

DATE:

I AM PRAYING FOR:

I AM THANKFUL FOR:

I LAY AT YOUR FEET:

DATE:

I AM PRAYING FOR:

I AM THANKFUL FOR:

I LAY AT YOUR FEET:

DATE:

I AM PRAYING FOR:

I AM THANKFUL FOR:

I LAY AT YOUR FEET:

DATE:

I AM PRAYING FOR:

I AM THANKFUL FOR:

I LAY AT YOUR FEET:

DATE:

I AM PRAYING FOR:

I AM THANKFUL FOR:

I LAY AT YOUR FEET:

DATE:

I AM PRAYING FOR:

I AM THANKFUL FOR:

I LAY AT YOUR FEET:

DATE:

I AM PRAYING FOR:

I AM THANKFUL FOR:

I LAY AT YOUR FEET:

DATE:

I AM PRAYING FOR:

I AM THANKFUL FOR:

I LAY AT YOUR FEET:

DATE:

I AM PRAYING FOR:

I AM THANKFUL FOR:

I LAY AT YOUR FEET:

DATE:

I AM PRAYING FOR:

I AM THANKFUL FOR:

I LAY AT YOUR FEET:

DATE:

I AM PRAYING FOR:

I AM THANKFUL FOR:

I LAY AT YOUR FEET:

DATE:

I AM PRAYING FOR:

I AM THANKFUL FOR:

I LAY AT YOUR FEET:

DATE:

I AM PRAYING FOR:

I AM THANKFUL FOR:

I LAY AT YOUR FEET:

DATE:

I AM PRAYING FOR:

I AM THANKFUL FOR:

I LAY AT YOUR FEET:

DATE:

I AM PRAYING FOR:

I AM THANKFUL FOR:

I LAY AT YOUR FEET:

DATE:

I AM PRAYING FOR:

I AM THANKFUL FOR:

I LAY AT YOUR FEET:

DATE:

I AM PRAYING FOR:

I AM THANKFUL FOR:

I LAY AT YOUR FEET:

DATE:

I AM PRAYING FOR:

I AM THANKFUL FOR:

I LAY AT YOUR FEET:

DATE:

I AM PRAYING FOR:

I AM THANKFUL FOR:

I LAY AT YOUR FEET:

DATE:

I AM PRAYING FOR:

I AM THANKFUL FOR:

I LAY AT YOUR FEET:

DATE:

I AM PRAYING FOR:

I AM THANKFUL FOR:

I LAY AT YOUR FEET:

DATE:

I AM PRAYING FOR:

I AM THANKFUL FOR:

I LAY AT YOUR FEET:

DATE:

I AM PRAYING FOR:

I AM THANKFUL FOR:

I LAY AT YOUR FEET:

DATE:

I AM PRAYING FOR:

I AM THANKFUL FOR:

I LAY AT YOUR FEET:

DATE:

I AM PRAYING FOR:

I AM THANKFUL FOR:

I LAY AT YOUR FEET:

DATE:

I AM PRAYING FOR:

I AM THANKFUL FOR:

I LAY AT YOUR FEET:

DATE:

I AM PRAYING FOR:

I AM THANKFUL FOR:

I LAY AT YOUR FEET:

DATE:

I AM PRAYING FOR:

I AM THANKFUL FOR:

I LAY AT YOUR FEET:

DATE:

I AM PRAYING FOR:

I AM THANKFUL FOR:

I LAY AT YOUR FEET:

DATE:

I AM PRAYING FOR:

I AM THANKFUL FOR:

I LAY AT YOUR FEET:

DATE:

I AM PRAYING FOR:

I AM THANKFUL FOR:

I LAY AT YOUR FEET:

DATE:

I AM PRAYING FOR:

I AM THANKFUL FOR:

I LAY AT YOUR FEET:

DATE:

I AM PRAYING FOR:

I AM THANKFUL FOR:

I LAY AT YOUR FEET:

DATE:

I AM PRAYING FOR:

I AM THANKFUL FOR:

I LAY AT YOUR FEET:

DATE:

I AM PRAYING FOR:

I AM THANKFUL FOR:

I LAY AT YOUR FEET:

DATE:

I AM PRAYING FOR:

I AM THANKFUL FOR:

I LAY AT YOUR FEET:

DATE:

I AM PRAYING FOR:

I AM THANKFUL FOR:

I LAY AT YOUR FEET:

DATE:

I AM PRAYING FOR:

I AM THANKFUL FOR:

I LAY AT YOUR FEET:

DATE:

I AM PRAYING FOR:

I AM THANKFUL FOR:

I LAY AT YOUR FEET:

DATE:

I AM PRAYING FOR:

I AM THANKFUL FOR:

I LAY AT YOUR FEET:

DATE:

I AM PRAYING FOR:

I AM THANKFUL FOR:

I LAY AT YOUR FEET:

DATE:

I AM PRAYING FOR:

I AM THANKFUL FOR:

I LAY AT YOUR FEET:

DATE:

I AM PRAYING FOR:

I AM THANKFUL FOR:

I LAY AT YOUR FEET:

DATE:

I AM PRAYING FOR:

I AM THANKFUL FOR:

I LAY AT YOUR FEET:

DATE:

I AM PRAYING FOR:

I AM THANKFUL FOR:

I LAY AT YOUR FEET:

DATE:

I AM PRAYING FOR:

I AM THANKFUL FOR:

I LAY AT YOUR FEET:

DATE:

I AM PRAYING FOR:

I AM THANKFUL FOR:

I LAY AT YOUR FEET:

DATE:

I AM PRAYING FOR:

I AM THANKFUL FOR:

I LAY AT YOUR FEET:

DATE:

I AM PRAYING FOR:

I AM THANKFUL FOR:

I LAY AT YOUR FEET:

DATE:

I AM PRAYING FOR:

I AM THANKFUL FOR:

I LAY AT YOUR FEET:

DATE:

I AM PRAYING FOR:

I AM THANKFUL FOR:

I LAY AT YOUR FEET:

DATE:

I AM PRAYING FOR:

I AM THANKFUL FOR:

I LAY AT YOUR FEET:

DATE:

I AM PRAYING FOR:

I AM THANKFUL FOR:

I LAY AT YOUR FEET:

DATE:

I AM PRAYING FOR:

I AM THANKFUL FOR:

I LAY AT YOUR FEET:

DATE:

I AM PRAYING FOR:

I AM THANKFUL FOR:

I LAY AT YOUR FEET:

DATE:

I AM PRAYING FOR:

I AM THANKFUL FOR:

I LAY AT YOUR FEET:

DATE:

I AM PRAYING FOR:

I AM THANKFUL FOR:

I LAY AT YOUR FEET:

DATE:

I AM PRAYING FOR:

I AM THANKFUL FOR:

I LAY AT YOUR FEET:

DATE:

I AM PRAYING FOR:

I AM THANKFUL FOR:

I LAY AT YOUR FEET:

DATE:

I AM PRAYING FOR:

I AM THANKFUL FOR:

I LAY AT YOUR FEET:

DATE:

I AM PRAYING FOR:

I AM THANKFUL FOR:

I LAY AT YOUR FEET:

DATE:

I AM PRAYING FOR:

I AM THANKFUL FOR:

I LAY AT YOUR FEET:

DATE:

I AM PRAYING FOR:

I AM THANKFUL FOR:

I LAY AT YOUR FEET:

DATE:

I AM PRAYING FOR:

I AM THANKFUL FOR:

I LAY AT YOUR FEET:

DATE:

I AM PRAYING FOR:

I AM THANKFUL FOR:

I LAY AT YOUR FEET:

DATE:

I AM PRAYING FOR:

I AM THANKFUL FOR:

I LAY AT YOUR FEET:

DATE:

I AM PRAYING FOR:

I AM THANKFUL FOR:

I LAY AT YOUR FEET:

DATE:

I AM PRAYING FOR:

I AM THANKFUL FOR:

I LAY AT YOUR FEET:

DATE:

I AM PRAYING FOR:

I AM THANKFUL FOR:

I LAY AT YOUR FEET:

DATE:

I AM PRAYING FOR:

I AM THANKFUL FOR:

I LAY AT YOUR FEET:

DATE:

I AM PRAYING FOR:

I AM THANKFUL FOR:

I LAY AT YOUR FEET:

DATE:

I AM PRAYING FOR:

I AM THANKFUL FOR:

I LAY AT YOUR FEET:

DATE:

I AM PRAYING FOR:

I AM THANKFUL FOR:

I LAY AT YOUR FEET:

DATE:

I AM PRAYING FOR:

I AM THANKFUL FOR:

I LAY AT YOUR FEET:

DATE:

I AM PRAYING FOR:

I AM THANKFUL FOR:

I LAY AT YOUR FEET:

DATE:

I AM PRAYING FOR:

I AM THANKFUL FOR:

I LAY AT YOUR FEET:

DATE:

I AM PRAYING FOR:

I AM THANKFUL FOR:

I LAY AT YOUR FEET:

DATE:

I AM PRAYING FOR:

I AM THANKFUL FOR:

I LAY AT YOUR FEET:

DATE:

I AM PRAYING FOR:

I AM THANKFUL FOR:

I LAY AT YOUR FEET:

DATE:

I AM PRAYING FOR:

I AM THANKFUL FOR:

I LAY AT YOUR FEET:

DATE:

I AM PRAYING FOR:

I AM THANKFUL FOR:

I LAY AT YOUR FEET:

DATE:

I AM PRAYING FOR:

I AM THANKFUL FOR:

I LAY AT YOUR FEET:

DATE:

I AM PRAYING FOR:

I AM THANKFUL FOR:

I LAY AT YOUR FEET:

DATE:

I AM PRAYING FOR:

I AM THANKFUL FOR:

I LAY AT YOUR FEET:

DATE:

I AM PRAYING FOR:

I AM THANKFUL FOR:

I LAY AT YOUR FEET:

DATE:

I AM PRAYING FOR:

I AM THANKFUL FOR:

I LAY AT YOUR FEET:

DATE:

I AM PRAYING FOR:

I AM THANKFUL FOR:

I LAY AT YOUR FEET:

DATE:

I AM PRAYING FOR:

I AM THANKFUL FOR:

I LAY AT YOUR FEET:

DATE:

I AM PRAYING FOR:

I AM THANKFUL FOR:

I LAY AT YOUR FEET:

DATE:

I AM PRAYING FOR:

I AM THANKFUL FOR:

I LAY AT YOUR FEET:

DATE:

I AM PRAYING FOR:

I AM THANKFUL FOR:

I LAY AT YOUR FEET:

DATE:

I AM PRAYING FOR:

I AM THANKFUL FOR:

I LAY AT YOUR FEET:

DATE:

I AM PRAYING FOR:

I AM THANKFUL FOR:

I LAY AT YOUR FEET:

DATE:

I AM PRAYING FOR:

I AM THANKFUL FOR:

I LAY AT YOUR FEET:

DATE:

I AM PRAYING FOR:

I AM THANKFUL FOR:

I LAY AT YOUR FEET:

DATE:

I AM PRAYING FOR:

I AM THANKFUL FOR:

I LAY AT YOUR FEET:

DATE:

I AM PRAYING FOR:

I AM THANKFUL FOR:

I LAY AT YOUR FEET:

DATE:

I AM PRAYING FOR:

I AM THANKFUL FOR:

I LAY AT YOUR FEET:

DATE:

I AM PRAYING FOR:

I AM THANKFUL FOR:

I LAY AT YOUR FEET:

DATE:

I AM PRAYING FOR:

I AM THANKFUL FOR:

I LAY AT YOUR FEET:

DATE:

I AM PRAYING FOR:

I AM THANKFUL FOR:

I LAY AT YOUR FEET:

DATE:

I AM PRAYING FOR:

I AM THANKFUL FOR:

I LAY AT YOUR FEET:

DATE:

I AM PRAYING FOR:

I AM THANKFUL FOR:

I LAY AT YOUR FEET:

DATE:

I AM PRAYING FOR:

I AM THANKFUL FOR:

I LAY AT YOUR FEET:

DATE:

I AM PRAYING FOR:

I AM THANKFUL FOR:

I LAY AT YOUR FEET:

DATE:

I AM PRAYING FOR:

I AM THANKFUL FOR:

I LAY AT YOUR FEET:

DATE:

I AM PRAYING FOR:

I AM THANKFUL FOR:

I LAY AT YOUR FEET:

DATE:

I AM PRAYING FOR:

I AM THANKFUL FOR:

I LAY AT YOUR FEET:

DATE:

I AM PRAYING FOR:

I AM THANKFUL FOR:

I LAY AT YOUR FEET:

DATE:

I AM PRAYING FOR:

I AM THANKFUL FOR:

I LAY AT YOUR FEET:

DATE:

I AM PRAYING FOR:

I AM THANKFUL FOR:

I LAY AT YOUR FEET:

DATE:

I AM PRAYING FOR:

I AM THANKFUL FOR:

I LAY AT YOUR FEET:

Made in the USA
Coppell, TX
15 September 2021